BEI GRIN MACHT SICH IHR WISSEN BEZAHLT

- Wir veröffentlichen Ihre Hausarbeit,
  Bachelor- und Masterarbeit

- Ihr eigenes eBook und Buch -
  weltweit in allen wichtigen Shops

- Verdienen Sie an jedem Verkauf

Jetzt bei www.GRIN.com hochladen und kostenlos publizieren

Manfred Salfinger

Web 2.0 - Instrumente des Web 2.0

GRIN Verlag

Bibliografische Information der Deutschen Nationalbibliothek:

Die Deutsche Bibliothek verzeichnet diese Publikation in der Deutschen National-
bibliografie; detaillierte bibliografische Daten sind im Internet über http://dnb.d-
nb.de/ abrufbar.

Impressum:

Copyright © 2009 GRIN Verlag, Open Publishing GmbH
Druck und Bindung: Books on Demand GmbH, Norderstedt Germany
ISBN: 978-3-656-13023-9

Dieses Buch bei GRIN:

http://www.grin.com/de/e-book/188972/web-2-0-instrumente-des-web-2-0

GRIN - Your knowledge has value

Der GRIN Verlag publiziert seit 1998 wissenschaftliche Arbeiten von Studenten, Hochschullehrern und anderen Akademikern als eBook und gedrucktes Buch. Die Verlagswebsite www.grin.com ist die ideale Plattform zur Veröffentlichung von Hausarbeiten, Abschlussarbeiten, wissenschaftlichen Aufsätzen, Dissertationen und Fachbüchern.

Besuchen Sie uns im Internet:

http://www.grin.com/

http://www.facebook.com/grincom

http://www.twitter.com/grin_com

Thema der Seminararbeit: Web 2.0
Übung: INFE1 LBG 2
Gruppe: 2
Studiengang: eBiz/bb
Name: Manfred Salfinger
Datum: Wintersemester 09/10

1.0 Entstehung und Herkunft der Definition Web 2.0

1.1. Einleitung

„Web 2.0 is the network as platform, spanning all connected devices; Web 2.0 applications are those that make the most of the intrinsic advantages of that platform: delivering software as a continually-updated service that gets better the more people use it, consuming and remixing data from multiple sources, including individual users, while providing their own data and services in a form that allows remixing by others, creating network effects through an 'architecture of participation', and (…) deliver rich user experiences."[1]

Der Begriff des Web 2.0 ist ein Schlagwort, der mittlerweile in vielen Geschäftsbereichen und vor allem im sogenannten Social Networking Anwendung findet. Nicht allein die technische Weiterentwicklung wird damit beschrieben. Die Bedeutung ist unter anderem in den Veränderungen des Umfelds des Internets zu suchen. Mit einzubeziehen sind hier vor allem die neuen wirtschaftlichen und sozialen Aspekte, die sich in den letzten Jahren rund um das World Wide Web gebildet haben.

Die Bezeichnung 2.0 kommt aus der Entwicklung von Software. Zwischenschritte kleineren Ausmaßes werden mit Zehntelschritten bezeichnet. Ein Schritt in der Softwareentwicklung von 1.6 auf 1.7 würde somit nur kleinere Veränderungen suggerieren. Ein Sprung auf die nächsthöhere Zahl vor dem Komma kennzeichnet eine merkliche Veränderung.[2] Somit wird ersichtlich, dass dieser Sprung auf Web 2.0 eine entscheidende Veränderung mit sich bringt.

Trotz der Etablierung dieses Synonyms für die Weiterentwicklung des Internets in den verschiedensten Belangen, herrscht auch heute noch oft Uneinigkeit über die Bedeutung dieses Modewortes. Welche Bereiche zu Web 2.0 zu zählen sind, ist oftmals schwer zu definieren. Es gibt jedoch Kriterien, Kennzeichen und Definitionen die eine Eingliederung verschiedenster Anwendungen und Applikationen ermöglichen. Einige davon werden in dieser Seminararbeit diskutiert und sollen dem Leser einen grundlegenden Einblick in das Thema Web 2.0 geben.

1.2. Bedeutung: Was ist Web 2.0?

Die Entdeckung des Internets und dessen unbegrenzte Möglichkeiten in der Marketingkommunikation beflügelten die Unternehmen diese neuen Kommunikationsstrukturen für sich zu nutzen. Die Unternehmen erstellten Websites als Werbeplakat, Bannerwerbung und viele andere Werbeprodukte als „alter Wein in neuen Schläuchen". Die Werbebotschaften wurden an die Kunden adressiert ohne eine vorangegangene Nachfrage, ob diese auch wirklich daran Interesse hätten.[3]

Der Begriff Web 2.0, oft auch als Social Net bezeichnet, definiert keine neue Version des Internets sondern verkörpert vielmehr eine veränderte Nutzung der neu bereitgestellten Dienste durch die Anwender. Diese stark veränderte Wahrnehmung des World Wide Webs wurde vor allem durch die Verwendung einer Reihe neuer, inter-

---

[1] O'Reilly, Tim: Web 2.0 (2006), Online im WWW unter URL: http://radar.oreilly.com [6.1.2010], (zit. nach: Knappe/Kraklauer, 2007, S. 17.)

[2] Vgl. Kaul Kaul, Kristina: Web 2.0/Phantom oder Phänomen? (28.11.2005), Online im WWW unter URL: http://www.dw-world.de/dw/article/0,,1790308,00.html [5.1.2010]

[3] Vgl. Knappe/Kraklauer, 2007, S.7.

aktiver Applikationen wie Blogs, RSS Feeds oder Social Networks wie zum Beispiel Facebook hervorgerufen. Schlagwörter wie „User generated content" (nutzergenerierte Inhalte) begrenzen diese Evolution des Internets genau. Die Empfänger werden zu Sender und es findet somit eine Wandlung vom früheren passiven Konsumenten zum aktiven „Autor" von Webinhalten statt.[4]

Das Produzieren und Publizieren von Medieninhalten, die aktive Teilnahme und vor allem das Mitwirken lösen die ursprüngliche Verwendungsweise des Internets ab. Es werden somit nicht mehr nur Inhalte von Medienunternehmen erzeugt, sondern von einer Vielzahl einzelner Menschen, die sich mit Hilfe von sozialer Software miteinander vernetzen.[5]

Diese Kernidee des Web 2.0, den Konsumenten Raum zu geben, sich zu präsentieren und miteinander zu kommunizieren, erfreut sich sowohl nutzer- als auch angebotsseitig zunehmender Beliebtheit. Portale wie „Youtube" oder „Flickr" bei denen die User ihre persönlichen Videos oder Filme verfügbar machen, wechseln für hohe Summen den Eigentümer. Weiters sind auch Social Networks wie die Studentenplattform „studiVZ" oder das Businessportal „Xing" bei den Mitgliedern, den Eignern, wie auch bei potenziellen Interessenten sehr populär.[6]

Jedoch auch das Umfeld des Internets hat sich neben den Weiterentwicklungen in den Technologien geändert. Diese technischen, wie auch gesellschaftlichen Entwicklungen sind unabdingbar für den heutigen Stellenwert von Web 2.0. Die Verfügbarkeit von schnelleren Breitbandzugängen stellt eine grundsätzliche Ebene für die Verbreitung und die einwandfreie Funktionsweise neuer Anwendungen dar. Ein wichtiger gesellschaftlicher Aspekt sind die fallenden Verbindungskosten und die somit steigende Zeitdauer, in der die User das Internet nutzen.

Als Folge davon ergibt sich eine steigende Erfahrung im Umgang mit der Software und der Bedienung des Internets. Einhergehend mit diesen Entwicklungen wird das Vertrauen in die Internetbranche wieder geweckt. Internetfirmen verdienen Geld und Firmen aus der „Old Economy" nutzen das Internet als eigenen Wachstumsmotor. Somit entwickelt sich das Web als Ganzes immer mehr zur Selbstverständlichkeit und wird oft auch immer mehr zur Notwendigkeit neuer Geschäftsmodelle und Distributionswegen.[7]

1.3. Ursprünge, Hintergründe und Initiatoren des Web 2.0

Erstmalig wurde der Begriff des Web 2.0 bei einer Medienkonferenz des O'Reilly Verlags im Jahr 2004 erwähnt. Diese Definition wird vor allem Dale Dougherty (O'Reilly Verlag) und Craig Cline (Media Live) zugeschrieben. Dogherty und Cline betrachteten ursprünglich Web 2.0 als Sammelbegriff neuer Anwendungen zur Publikation, Kommunikation und zum Community-Building im World Wide Web. In dieser Konferenz meinte Dougherty, dass sich das Internet einer Renaissance unterzieht, bei der sich die Regeln der Geschäftsmodelle verändern werden.[8] Er zeigte

---

[4] Vgl. Gehrke, 2007, S. 7.
[5] Vgl. http://de.wikipedia.org/wiki/Web_2.0 [2.12.2009].
[6] Vgl. Hass/Walsh/Kilian, 2008, S. 4.
[7] Vgl. Gehrke, 2007, S. 7.
[8] Vgl. http://de.wikipedia.org/wiki/Web_2.0 [2.12.2009].

diese Veränderung anhand einer Reihe von Beispielen auf: „DoubleClick" ist dem Web 1.0 zuzuordnen, „Google Ad Sense" dem Web 2.0. „Ofoto" war Web 1.0, „Flickr" ist Web 2.0. Beide Angebote, sowohl „DoubleClick" als auch „Google Ad-Sense", dienen der Vermarktung von Internet-Werbung. Unterschiedlich ist jedoch die Auswertung der Besucher und der damit zusammenhängenden Aussagekraft für weitere erfolgreiche Marketingmaßnahmen. Während „DoubleClick" nur den Zweck der klassischen Werbepräsenz erfüllt, geht „Google AdSense" einen Schritt weiter und ermittelt nur die Anzahl der erfolgreichen Weiterleitungen auf das Angebot der Werbetreibenden („Cost per Click").[9]

Anhand solcher Beispiele werden einige der Kernkompetenzen des „neuen Internets" sichtbar. Tim O'Reilly entwickelte in einer Brainstorming-Session im Jahr 2004 eine Auflistung einiger solcher Schlüsselprinzipien für eine eindeutige Charakterisierung der neuen Applikationen:[10]

- Nutzung des Webs als Plattform anstatt des lokalen Rechners
- Datenbetriebene Inhalte (Inhalte wichtiger als das Aussehen)
- Vernetzung wird durch die Architektur der „Mitwirkens" verstärkt
- Das Ende des Softwarelebenszyklus, da sich solche Projekte immer im Beta-stadium befinden
- Einbeziehung der kollektiven Intelligenz der Nutzer
- Zugang zu Daten, die schwer oder teuer zusammenzustellen sind und somit umso wertvoller werden, je öfter sie genutzt werden
- Innovationen beim Aufbau von Systemen und Seiten durch die Verwendung von Komponenten verschiedener Entwickler
- Die Software geht über die Fähigkeiten eines einzelnen Verwendungszwecks hinaus

2.0   Kennzeichen einer Web 2.0-Applikation

2.1.   User contra Autor

Laut dem „alten" Web 1.0 Schema ist die Unterscheidbarkeit zwischen Autor und Rezipient klar gegeben. Im Normalfall ist man hier der Konsument und hat keine Rechte oder Möglichkeiten der Gestaltung von Inhalten oder der Inhaltsmodifikation. Diese Grenze verschwimmt zusehends im Web 2.0. Der Nutzer übernimmt immer öfter die Funktion des Autors und generiert aktuelle Inhalte auf unterschiedlichste Art und Weise. Somit leistet er seinen Beitrag für eine sich ständig ändernde und aktuelle Website. Das klassische Sender-Empfänger Verhältnis schwindet zusehends.

Ein stark wachsendes Angebot an Webservices, in denen Inhalte von den Usern selbst eingestellt werden können, z.B. eigenständige Anwendungen wie Wikipedia oder Kommentarfunktionen auf kommerziellen Websites (Bsp. Amazon), erreichen

---

[9] Vgl. Hass/Walsh/Kilian, 2008, S. 5f.
[10] Vgl. Alby, 2008, S. 15.

immer größere Reichweite. Der „user generated content" wird damit zu einem wesentlichen Kanal der gesellschaftlichen Kommunikation.[11]

2.2. Lokal contra entfernt

Die Evolution in der Informationstechnik beinhaltet auch die Entwicklung der Datenhaltung. Anfangs wurden die Daten auf entfernten Großrechnern (Mainfames) gesichert und bei Bedarf geladen. Diese Ablage der digitalen Daten wanderte von diesen Großrechnern auf den eigenen Heim-PC. Somit war eine Grenzziehung zwischen lokal und entfernt immer gegeben.

Diese Grenze verschwimmt nun immer stärker. Zur besseren Nutzung der eigenen Inhalte auf den verschiedensten Endgeräten ist oft eine entfernte Speicherung der Daten auf externen Servern von Vorteil. Durch die breitbandigen Internetzugänge ist auch die Frage des aufkommenden Datentransfers obsolet. Selbst die Verarbeitung der Daten erfolgt dezentral auf dem Server. Meist werden diese Verarbeitungsschritte durch Applikationen durchgeführt, die ausschließlich im Internetbrowser ablaufen und keine Auskunft darüber geben, wo sie die Datenverarbeitung abwickeln. Das frühere „lokale" und „private" in der Informationstechnologie wandert in Richtung öffentliche Datenhaltung und –verarbeitung.[12]

2.3. Privat contra öffentlich

Ein wesentliches Kennzeichen von Web 2.0 ist zunehmende Veröffentlichung privater Daten durch die Anwender selbst. Jede Person hat die Möglichkeit in variierendem Umfang sich selbst darzustellen.

Problematisch hingegen kann die freie Meinungsäußerung im Internet werden, wenn eine getätigt Aussage von dessen Autor wieder getilgt werden möchte. Selbst bei Löschung der Ursprungsdatei ist die Entfernung solcher Daten fast unmöglich. Es wäre hier sinnvoll, seine persönlichen Aussagen und Meinungen vor der Publikation noch zu überdenken.[13]

Die Veröffentlichung eigener, persönlicher Fotoalben und Informationen in den Online Communities wie Facebook oder studiVZ birgt auch Gefahren hinsichtlich des Eindringens in die eigene Privatsphäre durch Dritte. Die so erlangten Informationen können dadurch missbraucht werden.

3.0 Anwendungen und Bereiche von Web 2.0

3.1. Technik hinter Web 2.0: Was ist Ajax?

Ajax (Asynchronous Java-Script and XML) ist keine einzelne Technologie oder Programmiersprache sondern wird sehr oft als „Rückgrat" vieler Web 2.0 Anwendungen gesehen. Das Grundprinzip von Ajax ist die unabhängige Veränderbarkeit einzelner Teile einer Website ohne dass die Site erneut geladen werden muss. Es beinhaltet mehrere verschiedene, länger existierende Technologien, die miteinander kombiniert

---

[11] Vgl. Gehrke, 2007, S. 41.
[12] Vgl. Gehrke, 2007, S. 41f.
[13] Vgl. Gehrke, 2007, S. 43.

in der neuen Form AJAX auftreten.[14] Einige dieser Techniken wurden bereits in den 90er Jahren entwickelt und eingesetzt. Der Einsatz von AJAX hat beispielsweise zur Folge, dass die Interaktion mit dem Server asynchron abläuft (laden einzelner Bestandteile der Website) und somit eine Blockade des Browsers verhindert wird.[15]

Die Anfrage wird clientseitig mittels Javascript an den Server übermittelt. Nach der Abarbeitung durch den Server werden die Ergebnisse mittels in XML-codierten Nachrichten an den Client zurückgesandt. Die zwingende XML-Codierung ist hier nicht gegeben, sondern es ist auch die Übermittelung der Ergebnisse als normales Textfile denkbar.[16] Für die Erstellung von AJAX-Anwendungen stehen im Internet eine Reihe von vorgefertigten Frameworks zur Verfügung. Die serverseitige Implementierung kann mit einer beliebigen Skript- oder Programmiersprache erfolgen, zum Beispiel PHP. Durch die Verwendung von Javascript ist auch kein „Reload" der Website von Nöten. Dieses Verhalten wird gerne verwendet um die Website wie eine herkömmliche Desktopapplikation anmuten zu lassen.

3.2. Die Blogosphäre: Was ist ein Blog?

Auf den ersten Blick scheint es wie eine sich ständig aktualisierende einfache Website, unterteilt in chronologisch sortierten Beiträgen, mit dem aktuellsten Beitrag beginnend. Dieses Kunstwort „Blog", wird stellvertretend als Abkürzung des Wortes „Weblog" verwendet, welches wiederum aus den beiden Begriffen „Web" und „log" (Logbuch, Protokoll) konstruiert wurde. Diese Art des Publizierens im Web ähnelt in gewisser Weise der Form eines Tagebuchs oder Journals, nur dass es im World Wide Web veröffentlicht wird.[17] Durch die Kommentare der User sowie der Verlinkung auf andere Online-Quellen entsteht ein Geflecht von aufeinander verweisenden Texten. Die Gesamtheit aller Weblogs wird „Blogosphäre" genannt.[18] Diese Blogs ermöglichen es einer breiten Masse an Nutzern, eigene Meinungen und Erlebnisse zu veröffentlichen, zu kommentieren und zu beobachten. Zur Gewährleistung der Aktualität werden sogenannte „Feeds" angeboten. Durch diese „Feeds" ist es dem User möglich mittels eines „Feedreeders" ständig über aktuelle Beiträge am Laufenden gehalten zu werden.[19]

Mittlerweile haben sich Blogs den Respekt und die Aufmerksamkeit der breiten Öffentlichkeit erarbeitet und werden zur Publikation eigener Erlebnisse, zur firmeninternen Unternehmenskommunikation wie auch zur kritischen Kriegsberichterstattung herangezogen.[20] Inhaltlich sind sie somit auf keine speziellen Themen festgelegt.

Folgende Auflistung zeigt die einzelnen Bereiche in denen Blogs Anwendung finden.[21]

---

[14] Vgl. Gehrke, 2007, S. 17.
[15] Vgl. Alby, 2008, S. 147.
[16] Vgl. http://www.admin-wissen.de/eigene-tutorials/webentwicklung/ajax-tutorial/einfuehrung-in-ajax/ [5.1.2010]
[17] Vgl. Alby, 2008, S. 21.
[18] Vgl. Hass/Walsh, 2008, S. 123.
[19] Vgl. Komus/Wauch, 2008, S. 9.
[20] Vgl. Gehrke, 2007, S. 17.
[21] Vgl. Alby, 2008, S. 21.

- Watchblogs
- Litblogs beschäftigen sich mit Literatur
- Corporate Blogs von Firmen
- Blawgs, Blogs mit juristischen Themen
- Fotoblogs, in denen vor allem Fotos veröffentlicht werden

3.3. Was sind Wikis?

Mit der Erfindung und Entwicklung der „Wikis" wurde eine der Grundideen des World Wide Webs realisiert, nämlich Websites bearbeiten zu können. Ein Ziel war es unter anderem, Forschungsarbeiten besser zu koordinieren und die dazu notwendigen Informationen austauschen zu können. Anfänglich hatten „Wikis" mit den ähnlichen Problemen zu kämpfen wie die ersten Open Source Projekte: Kann man einem freigegeben Quelltext trauen, der von Hobbyentwicklern publiziert wird? Diese vermeintliche Schwachstelle des offenen Quellcodes stellte sich jedoch als Stärke heraus, da böswilligen Vandalen eine Vielzahl an motivierten Anhängern gegenüberstand. Hiermit wurde die Errichtung einer gemeinschaftlichen Wissensdatenbank wieder aufgegriffen.[22]

Die Namensgebung „Wiki" stammt aus dem hawaiischen Sprachgebrauch und steht für die Bedeutung schnell. Mittlerweile hat sich diese Art des Publizierens schon soweit etabliert, dass Wikis sogar als „Content Management System" in Unternehmen angesehen und verwendet und Inhalte erzeugt werden. Die Vorteile liegen hier vor allem in der einfachen Erzeugung und Bereitstellung der Inhalte durch direkte Eingabe in Webformularen zu Grunde. Eine weitere Eigenschaft ist der offene Zusammenhang von Webseiten, welcher auch anderen Usern eine einfache Bearbeitung gewährleistet.

Dieses Nachschlagewerk „Wikipedia" wurde im März 2000 vom Aktienhändler Jimmy Wales als Projekt unter dem Namen „Nupedia" gegründet. Für die Koordination wurde Larry Sanger als Chefredakteur beauftragt. Anfangs war hier der redaktionelle Workflow dem der klassischen Druckmedien angelegt. Durch diese Bürokratie der redaktionellen Durchsicht auf Richtigkeit, konnten nur 20 Beiträge in den ersten 12 Monaten online gestellt werden. Der Chefredakteur Larry Sanger schlug daraufhin den Kurswechsel in Richtung Aufbau eines sogenannten „Wikis" vor.[23] Der offizielle Startschuss für Wikipedia erfolgte somit am 15. Jänner 2001. Bereits nach einigen Monaten enthielt Wikipedia schon tausend Artikel. Trotz dieses Erfolges war sich sein Gründer Jimmy Wales ob seines Erfolges nicht sicher und bezeichnete es als „Schmierzettel" für Nupedia, dessen inhaltliche Qualität es nie erreichen würde.[24]

Der Begriff Wikipedia setzt sich somit aus dem Begriff des Wikis und dem Wort Encyclopedia zusammen. Während inzwischen Nupedia keine Rolle mehr spielt, ist Wikipedia die weltgrößte Enzyklopädie der Welt, die mittlerweile 50.000 Artikel in 200 Sprachen enthält. Basierend auf der Grundlage, dass jeder Besucher mitwirken kann, entstehen selbstregulierende Mechanismen. Jeder User hat die Möglichkeit, vorhandene Beiträge ob der Richtigkeit zu kontrollieren und gegebenenfalls zu editie-

---

[22] Vgl. Komus/Wauch, 2008, S. 5.
[23] Vgl. Gehrke, 2007, S. 65.
[24] Vgl. Komus/Wauch, 2008, S. 44.

ren. Die sogenannte kollektive Intelligenz („Wisdom of crowds") kommt hier zum Tragen.[25]

Grundsätzlich baut Wikipedia auf 5 Säulen auf:[26]

* Es handelt sich hier um eine Enzyklopädie, deren Inhalte verifizierbar sein müssen und nicht aus der Primärrecherche stammen
* Der Inhalt jedes Artikels soll einen neutralen Standpunkt vertreten. Meinungen sollen aus den diversen Perspektiven beleuchtet werden
* Alle Inhalte sollen für alle Teilnehmer frei zugänglich sein
* Zwischen den Benutzern soll es keine persönlichen Angriffe geben
* Eine flexible Regelauslastung soll den Autoren bei der Arbeit unterstützen

3.4. Social Software und Communities

Bei den sogenannten „Social Communities" wie „studivz", „Xing" oder „Facebook" steht der Aufbau und die Pflege von Beziehungen und sozialen Kontakten innerhalb des Benutzerkreises im Mittelpunkt. Der soziale Kontext wird dadurch unterstützt, dass die einzelnen User Beiträge und Wünsche in eine Gruppe einbringen können.[27] Ein soziales Netzwerk kennzeichnet sich vor allem dadurch, dass die Nutzer den Inhalt selbst erstellen und von sich ein persönliches Abbild im WWW erstellen (User generated content). Diese Netzwerke weisen typischerweise folgende Eigenschaften auf:[28]

* Persönliches Profil mit Sichtbarkeitseinstellungen für die Mitglieder
* Kontaktliste mit Verweise auf andere Mitglieder der Netzgemeinschaft
* Empfang und Versand von Nachrichten
* Blogs
* Suche

In den letzten Jahren haben sich diese sozialen Netzwerke stark verbreitet und im täglichen Leben mancher internetaffiner Nutzer festgesetzt. Wie bei anderen Social Software Systemen stellen die Anbieter lediglich den technischen Rahmen zur Verfügung. Die Gestaltung und Pflege der Inhalte wird durch den User selbst durchgeführt.[29]

Maßgeblich für die weite Verbreitung der Social Communities ist sicher die Veränderung von der eindirektionalen Kommunikation vom Angebotsbetreiber hin zum Nutzer (one to many). Gegenwärtig ist die Situation gegeben, dass jeder Nutzer sich mit den anderen austauschen kann (many to many).[30]

Ein bekanntes Beispiel eines solchen Netzwerkes ist „Xing", früher „OpenBC". Nach der Registration haben die Nutzer die Möglichkeit, sich ein eigenes Profil mit

---

[25] Vgl. Alby, 2008, S. 91f.

[26] Vgl. Komus/Wauch, 2008, S. 51

[27] Vgl. Hass/Walsh/Kilian, 2008, S. 25f

[28] Vgl. http://de.wikipedia.org/wiki/Soziales_Netzwerk_(Internet) [6.1.2010]

[29] Vgl. Komus/Wauch, 2008, S. 20f

[30] Vgl. Hass/Walsh/Kilian, 2008, S. 29

den Kategorien „Firma", „Branche", „Hochschule" usw. zu erstellen. Die Nutzer dieses Portals haben somit die Möglichkeit andere Personen nach gewissen Kriterien zu suchen, einzuladen und mit ihnen in Kontakt zu treten. Üblicherweise wird eine Einladung von einem Nutzer an den anderen gesandt. Nach Bestätigung dieser Einladung wird der Nutzer im Adressbuch erfasst. Vorteile solcher Funktionsweisen bestehen hier im Aufbau und der Pflege eines sozialen Netzwerkes. Bei zukünftigen Suchen wird angezeigt, über welche Kontakte, Kontakt-Kontakte, usw. Verbindungen zu den einzelnen Usern bestehen. Dies führt zu einer Erleichterung bei der Ansprache Dritter oder bei der Identifikation gemeinsamer Bekannter.31

Eine solche elektronische Abbildung eines Netzwerkes vereinfacht und beschleunigt die Netzwerkbildung. Persönliche Netzwerke und Kontakte können schneller bewerkstelligt werden als im realen Leben. Netzwerke können gepflegt werden ohne ständig persönlich präsent sein zu müssen.

Interessant ist sicherlich die Frage, woher solche sozialen Netzwerke und Dienste ihre Wertschöpfung generieren. Ein Großteil der Nutzer will auch zukünftig auf diese Dienste zugreifen und sie nutzen. Somit ist die Akzeptanz solcher Kommunikationsplattformen sehr hoch, solange jedoch keine Gebühren fällig werden. Die wenigsten User würden laut einer Umfrage für die Nutzung des Dienstes bezahlen. Jedoch gibt es Ausnahmen sogar bei Premiumdiensten. Hier ist mit Sicherheit Xing zu erwähnen.[32] Inzwischen ist Xing an der Börse notiert und weist 300.000 bezahlende Premium-User auf. Durch die eigenständige Eingabe der persönlichen Daten durch die User haben sich die Kosten zur Beschaffung von Informationen stark reduziert. Somit ergibt sich eine zusätzliche Einnahmequelle durch zielgerichtete Werbeaussendungen durch Dritte.[33]

Die Geschäftsmodelle der sozialen Netzwerke sind hauptsächlich auf Werbeeinnahmen ausgerichtet. Eine Einführung von personalisierter Werbung durch 3rd Party-Partner wie Werbetreibende und sonstige Unternehmen kann gegenwärtig zielgerichteter gestaltet werden als noch vor einigen Jahren. Durch die weitaus detaillierten Nutzerinformationen entstehen für die kommerziell interessierten Partner mehr Möglichkeiten durch eine zielgerichtetere Adressierung der Werbeformen. Auch die Entwicklung neuer Abrechnungsmodelle wie Cost per Million (CPM), Cost per Click (CPC) und CPO (Cost per Order) ermöglicht es die Werbetreibenden eine optimierte Messung der Werbewirksamkeit der Maßnahmen. Solche Werbemodelle werden fast in allen Communities genutzt, wobei auf eine Mischung zwischen Banner-, Anzeigenwerbung und CPC-Modellen gesetzt wird.[34]

Die Zukunft solcher neuen Businessmodellen und Marketingkommunikation ist sehr stark von der Fähigkeit der Firmen abhängig, die die technologischen Gegebenheiten

---

[31] Vgl. Komus/Wauch, 2008, S. 21

[32] Vgl. Wilfert, Arno/Böllinger, Bertram: Nutzer sozialer Netzwerke sind treu – doch beim Geld hört die Freundschaft auf, Online im WWW unter URL: http://www.pwc.de/portal/pub/!ut/p/kcxml/04_Sj9SPykssy0xPLMnMz0vM0Y_QjzKLd4p3tnQFS YGYLm4W-pEQhgtEzCDeESESpO- t7uRn5uqH6BfkBsaUe7oqAgA5vPgaA!!?siteArea=49cbd5c0e668d282&content=e52522060b1069f&t opNavNode=49c411a4006ba50c [5.1.2010]

[33] Vgl. Hass/Walsh/Kilian, 2008, S. 30

[34] Vgl. Hass/Walsh/Kilian, 2008, S. 31

mit individuellen Dienstleistungen miteinander verknüpfen lernen müssen um Umsätze zu generieren. Smarte Funktionalität und eine neuartige Verfügbarkeit von audiovisuellem Content sind die Schlüssel-Attraktionen im derzeitigen Internet.[35]

3.5. Was ist ein Podcast?

„Ein Podcast ist eine wiederholte Online-Bereitstellung von digitalen Audio- und ggf. sonstigen Informationen unter einem vorab definierten Themendach, die den Podcast-Nutzern vom Podcast-Produzenten automatisiert nach dem Abonnement-Prinzip zur Verfügung gestellt werden."[36]

Podcast ist ein Kunstwort welches aus den Teilen „IPod" und „Broadcast" (engl. für „Rundfunk") zusammengesetzt ist. Es bezeichnet die Produktion und das Verteilen von audiovisuellen Inhalten über den Vertriebskanal Internet (meist Audiodaten im mp3-Format). Vergleichsweise ist ein Podcast eine Serie von Medienbeiträgen, welche über einen „Newsfeed" (RSS) automatisch bezogen werden können.[37] Dieser Newsfeed wird bei der Veröffentlichung auf einem Webserver im Internet generiert.

Podcasts sind aus technischer, zeitlicher und finanzieller Sicht sehr aufwendungsarm zu produzieren. Sie sind daher ein wesentlicher Bestandteil des Web 2.0. Durch deren Nutzung werden viele Nutzer zum zentralen Content-Lieferanten im WWW. Die Produktion und Erstellung lässt sich mit einfachen technischen Mitteln durchführen. Es sind nur ein Mikrofon, eine Webcam und eine einfache (Shareware-)Software zur Bearbeitung des Audiocontents von Nöten. Für den Rezipienten, der den Podcast beziehen will, gilt aus technischer Sicht dasselbe. Nötig sind nur ein PC mit Internetverbindung und eine kostenlos verfügbare Software für die Wiedergabe.[38]

Diese „Podcasting-Clients" oder „RSS-Aggregatoren" laden die Mediendaten herunter und legen sie auf einem mp3-Player ab. Man kann solche Podcast als Radio- oder Fernsehsendungen auffassen, welche nicht zu einer bestimmten Zeit konsumiert werden müssen, sondern zeitlich und ortsunabhängig wiedergegeben werden können.[39]

Meistens handelt es sich bei Podcasts um private Radioshows oder um die Befassung mit einem bestimmten Thema. Sie werden auch zunehmend für professionell erzeugte Inhalte verwendet. Auch Zeitungen und Zeitschriften bieten zunehmend parallel zu ihren Printmedien Podcasting an.[40] Podcasts lassen sich in sehr vielen relevanten Arten und Feldern in der Marketing- bzw. Unternehmenskommunikation nutzen. Obwohl die Bereitstellung von audiovisuellen Inhalten unter Zuhilfenahme des Internets alles andere als neu ist, zeichnet die Wiederholung der Episoden sowie das automatisierte digitale Abonnement das Podcasting aus. Als digitales Abonnement bezeichnet man den Sachverhalt, dass der User nach einer einmaligen Registrierung bei weiteren Downloads nicht mehr aktiv werden muss.[41]

---

[35] Vgl. Haderlein, 2006, S. 39f
[36] Hass/Walsh/Kilian, 2008, S. 155
[37] Vgl. http://wiki.podcast.de/Podcasting [6.1.2010]
[38] Vgl. Hass/Walsh/Kilian, 2008, S.154
[39] Vgl. Petz, Wintersemester 09/10, S. 126
[40] Vgl. Petz, Wintersemester 09/10, S. 126
[41] Vgl. Hass/Walsh/Kilian, 2008, S. 155

Nach folgenden Arten kann eine Unterteilung vorgenommen werden:

- Audio-Podcasts stellen die einfachste und am längsten vorhandene Form dar
- Video-Podcasts transportieren Bild- und Toninformationen
- Enhanced-Podcasts werden durch Grafiken, Texten und Weblinks angereichert. Grundsätzlich beinhalten sie audiovisuellen Content[42]

3.6. RSS (Real Simple Syndication)

„Real Simple Syndication" (RSS) beschreibt eine Technik, die es Nutzern von Websites erlaubt, neue Inhalte automatisch zu beziehen. Durch dieses Abonnement von RSS-Feeds erzielt der Benutzer eine enorme Zeitersparnis, da er für den Bezug neuer Nachrichten nicht direkt die Seiten besuchen muss, was ansonsten auch den Download unzähliger Grafiken und Bilder zur Folge hätte. Die Funktionsweise ähnelt einem Nachrichtenkanal zwischen Internetseite und dem User. Einmal abonniert erhält er automatisch sämtliche neue oder geänderte Inhalte der jeweiligen Website. Dabei sind nur die Überschrift und ein kurzer Einleitungstext im Newsreader sichtbar. Somit besteht die Wahlmöglichkeit beim User welcher nach eigenen Bedürfnissen und Interessen wählen kann, welchen Artikel er zur Gänze lesen möchte. Durch einen einfachen Klick erreicht er den vollständigen Artikel.[43]

Für das Einrichten eines Abonnements werden entweder die neuen Versionen eines Internetbrowsers wie Firefox oder Internet Explorer benötigt oder ein spezielles Programm welches als Feed- oder RSS-Reader bezeichnet wird. Bei RSS handelt es sich um eine plattformunabhängige Technologie, welche auf XML basiert. Der erste Einsatz passierte 1997 als das Unternehmen Userland RSS in einer der ersten Versionen einsetzte. Einige Jahre später nutzte auch Netscape diese Technologie.[44]

RSS-Feeds können diverse Dateiendungen wie „xml", „rss" oder „rdf" besitzen. Funktional ändert sich zwischen diesen Endungen jedoch nichts. Solche Feeds sind recht logisch und im Gegensatz zu HTML ohne zusätzlichen Ballast in Form von Designelementen aufgebaut. Ein weiterer Vorteil ist die vorher schon angesprochen Plattformunabhängigkeit. Somit können sie unter jedem Betriebssystem gelesen und genutzt werden. Durch die Verarbeitung mit Skriptsprachen wie PHP können RSS-Elemente auf Websites oder in Desktopanwendungen eingebunden werden. Newsfeeds sind meist durch einen orangen Button mit der Aufschrift „XML" gekennzeichnet. Ein Klick auf dieses Symbol stellt die RSS-Datei dar. Für ein Abonnement wird der Link einfach aus dem Browseradressfeld kopiert und in den Newsreader eingefügt.[45]

---

[42] Vgl. Hass/Walsh/Kilian, 2008, S. 156

[43] Vgl.
http://www.pwc.de/portal/pub/!ut/p/kcxml/04_Sj9SPykssy0xPLMnMz0vM0Y_QjzKLd4p3dgoDS
YGYLm4W-pEQhgtEzCDeESESpO-t7-
uRn5uqH6BfkBsaUe7oqAgAeHyJiA!!?siteArea=49c4e38420924a4b&content=e59a0041c235bca&top
NavNode=49c4e38420924a4b

[44] Vgl. http://www.rss-verzeichnis.de/einfuehrung.php [6.1.2010]

[45] Vgl. http://www.rss-verzeichnis.de/einfuehrung.php [6.1.2010]

3.7. Was sind Mashups?

Wenn vorhandene Medieninhalte neu kombiniert werden spricht man von Mashups (engl."to mash" für vermischen). Diese Form der Publikation bindet dynamische Elemente in eine Website ein. Die Mashups nutzen dafür offene APIs (Application Programming Interface) für die Rekombination. Inhalte wie Text, Daten oder Bilder werden collagenartig zusammengeführt. Als Beispiele solcher Anwendungen sind z.b. die Kombination von geographischen Daten mit Kleinanzeigen zu nennen, wie dies bei Google Maps vollzogen wird. Weitere Mashup-Creators sind Microsoft Popfly, Yahoo Pipes oder der mittlerweile eingestellte Google Mashup Editor.[46]

Mit den offenen APIs können Dienste auch für nicht kommerzielle Seiten bereitgestellt werden. Hierfür müssen keine Lizenzgebühren für deren Nutzung abgeführt werden sondern diese Seiten können diese Inhalte kostenlos anbieten.[47]

4.0   Kritische Betrachtung zur Nutzung des Web 2.0

In der heutigen Zeit wird Informationsmanagement und der Wissensaustausch großgeschrieben. Kann es jedoch nicht durchaus sein, dass der rege Wissensaustausch per email oft übertrieben wird? Ist es oftmals nicht so, dass die Nutzung der neuen Kommunikationswege und –möglichkeiten enormer Zeitaufwendungen bedarf wo die Lösung mancher Probleme durch ein persönliches Meeting in kleiner Runde schneller erreichbar wäre?

In der ganzen Flut an Informationen in emails, Blogs und social networks werden tausende unwichtige Informationen durch den Erdball geschickt und es bedarf daher wiederum großer Anstrengungen die wichtigen Kernaussagen und Informationen ausfindig zu machen. Oftmals ist es schier unmöglich dieser ganzen Informationsflut Herr zu werden, um seinen eigenen Bedarf an Wissen optimal zu decken. Wird dadurch der Gedanke des Web 2.0 in Bezug auf „qualitativen Wissensaustausch" durch stümperhafte Kommentare, persönlicher Meinungen und Bemerkungen von selbsternannten Autoren obsolet? Persönlich gesehen sind Entwicklungen wie „Wikipedia" ein Meilenstein in der Internetevolution. Jedoch ist es hier immer eine Gratwanderung zwischen kostenlos breitgestelltem Wissen, dass jedermann zugänglich ist auf der einen Seite und andererseits einem redaktionell aufgebautem Informationssystem, dass für seine angebotenen Dienste gewisse Gebühren einhebt.

Die schon beschriebenen Social Networks wie Facebook, studivz oder Twitter gewinnen ständig an Beliebtheit. Auch der Autor dieser Seminararbeit nutzt einige dieser Dienste. Nur ist es aus persönlicher Sicht sehr kurzsichtig, diese Services ohne Bedenken in Bezug auf seine eigene Identität zu nutzen. Sämtliche persönliche Informationen über Beziehungsstatus, Beschäftigungsgrad, Ausbildung oder das Publizieren eigener Fotos über die eigenen Freizeitaktivitäten sollen nicht gedankenlos für jedermann sichtbar gemacht werden. Jede veröffentlichte Information aus dem Privatleben kann einmal gegen einen selbst verwendet werden. Mittlerweile nutzen Personalchefs solche Einrichtungen um sich im Vorfeld über zukünftige Bewerber zu informieren. Hier stellt sich danach oft die Frage nach der Sinnhaftigkeit der Proteste gegen geplante „Lauschangriffe" der Executive oder diverser anderer Eingriffe in die

---

[46] Vgl. http://de.wikipedia.org/wiki/Mashup_(Internet) [6.1.2010]

[47] Vgl. http://www.netzwelt.de/news/74895_2-mashup.html [6.1.2010]

Privatsphäre der Bürger, obwohl andererseits sich viele dazu ermutigen, sich ein digitales, öffentlich zugängliches Abbild zu erschaffen.

Die Evolution im Internet und speziell die Entwicklung in Richtung Web 2.0 haben viele nützliche und zeitsparende Erfindungen hervorgebracht. Entwicklungen wie Facebook können nach eigenem Interesse bedient und mit Content nach Wahl gefüllt werden. Jedoch ist es im digitalen Zeitalter öfter nützlich, sich manchmal Gedanken darüber zu machen, wem man was mitteilen will.

Quellenverzeichnis:

- Alby, Tom: Web 2.0/Konzepte, Anwendungen, Technologien, 3. Auflage, München, 2008

- Gehrke, Gernot: Web 2.0/Schlagwort oder Megatrend?./Fakten, Analysen, Prognosen, Marl, 2007

- Hass, Berthold/Walsh, Gianfranco/Kilian, Thomas: Web 2.0/Neue Perspektiven für Marketing und Medien, Heidelberg, 2008

- Haderlein, Andreas: Marketing 2.0/Von der Masse zur Community, 2. Auflage, Kelkheim, 2006

- Kaul, Kristina: Web 2.0/Phantom oder Phänomen? (28.11.2005), Online im WWW unter URL: http://www.dw-world.de/dw/article/0,,1790308,00.html [5.1.2010]

- Knappe, Martin/Kracklauer, Alexander: Verkaufschance Web 2.0/Dialoge fördern, Absätze steigern, neue Märkte erschließen, 1. Auflage, Wiesbaden, 2007

- Komus, Ayelt/Wauch, Franziska: Wikimanagement/Was Unternehmen von Social Software und Web 2.0 lernen können, München, 2008

- O'Reilly, Tim:What is Web 2.0? (30.9.2005), Online im WWW unter URL: http://www.oreilly.de/artikel/web20.html [5.1.2010]

- Petz, Gerald: Skript zur Vorlesung/Internet Einführung, FH-Steyr, Wintersemester 2009/10

- Wilfert, Arno/Böllinger, Bertram: Nutzer sozialer Netzwerke sind treu – doch beim Geld hört die Freundschaft auf, Online im WWW unter URL: http://www.pwc.de/portal/pub/!ut/p/kcxml/04_Sj9SPykssy0xPLMnMz0v M0Y_QjzKLd4p3tnQFSYGYLm4W-pEQhgtEzCDeESESpO-t7uRn5uqH6BfkBsaUe7oqAgA5vPgaA!!?siteArea=49cbd5c0e668d282&cont ent=e52522060b1069f&topNavNode=49c411a4006ba50c [5.1.2010]